Groucho's

Juan Carlos Pérez-Arévalo

Colección TTT Teatro

Título original: Groucho's
Autor: Juan Carlos Pérez-Arévalo.
Colección TTT Teatro
Segunda edición, 2023.

Imagen de portada: Grouchos, de Tania Castellano

Edición: JKPK Pub, 19141 Yebes.

Groucho's

Juan Carlos Pérez-Arévalo

Colección TTT Teatro

A Susana. Por absolutamente todo.

A todos mis tRigRes, gracias.

Los tres nacimientos de Groucho.

Julius Henry Marx, el verdadero Groucho Marx, nació un 2 de octubre de 1890 en Nueva York. Poco imaginaba lo importante que iba a resultar su figura para el mundo de la farándula, para la cultura pop… y para el nacimiento de esta obra.

Muchos años más tarde de su nacimiento, a mediados de los noventa, vino el primer "borrador" de esta historia. Ni siquiera se llamaba "Groucho's", pero el germen ya estaba ahí: un hombre que, para intentar superar los problemas, decide disfrazarse y actuar como un personaje famoso. El problema es que el elegido no era Groucho, sino Superman.
A pesar de que ese borrador ya apuntaba alguna poderosa imagen, había algo que no cuadraba: visualmente resultaba, pero la idea no terminaba de funcionar porque Superman carece de una forma de

hablar característica. Tampoco el contexto en el que estaba situada la historia la ayudaba a arrancar.

Mucho después, con la llegada de la crisis del 2008 y la idea de "Superman's" aún rondando en la cabeza, me viene el recuerdo de que precisamente Groucho fue víctima directa de una crisis (aún mayor): el crack del 29. Perdió todos sus ahorros e inversiones y tuvo que volver a empezar de cero. Groucho nunca pudo olvidar ese episodio durante el resto de su vida. A pesar de la rabia y de la tristeza, tuvo que seguir representando su papel y haciendo reír al mundo.

Y entonces todo cuadró: al trasladar la historia inicial de "Superman's" al contexto de la crisis financiera, y con Enrique sustituyendo a Superman por Groucho, las piezas encajaron mágicamente en su sitio y "Groucho's" saltó al papel.

Varios meses después, tras el habitual periodo de consultas con mis sufridos *prelectores* -que trajo algún cambio sustancial-, llegó el momento de presentar la obra a TresTristresTrigres Teatro para valorar sus posibilidades escénicas.

Al contrario de ocasiones anteriores, donde las risas y carcajadas predominaban en esa primera lectura, esta vez la algarabía inicial fue dando paso a un intenso silencio.

Terminó la lectura y nadie se atrevía a decir nada.

Por fin alguien rompió el silencio:

- Pero esto… no es una comedia.

- No. No lo es.

- Pero… el título, "Groucho's", creíamos que iba a ser una comedia.

- Pues ya veis: no lo es.

Estrictamente hablando, "Groucho's" no es una comedia, aunque tiene muchos –y muy intensos– momentos cómicos. Por supuesto, tampoco es una tragedia. Ni siquiera me atrevo a definirla como una tragicomedia. Más bien diría que es una comi-tragedia.

Todos los libretos que había presentado antes a TresTristresTrigres Teatro habían sido comedias, de distinto género, pero comedias en el más amplio sentido de la palabra. Esta se acercaba más a una "comedia amarga" en el sentido de Shakespeare (perdón por la comparación) que a una tragicomedia al uso.

- Entonces… ¿no os ha gustado? –musité-.
- No, no. Nos ha encantado. Solo que no era lo que esperábamos.

La respuesta fue unánime. Todos tuvieron la misma impresión. Era una historia impactante. Y todos dijeron: "Adelante".

Era el tercer nacimiento de Groucho. Arropada por una deliciosa banda sonora, bien vestido y bien armado, creo que fabricamos un montaje muy intenso y especial.

Lástima que la misma crisis económica que había ayudado a parir "Groucho's" impidiese también que este montaje tuviese la visibilidad que se habría merecido.

Juan Carlos Pérez-Arévalo

GROUCHO'S.

PERSONAJES:

ADOLFO, el hijo.

ELISA, la madre.

MIRIAM, la hija.

ENRIQUE-GROUCHO, el padre.

DOC MARTIN, el médico "de la familia",

JULIO MORGAN, el interventor.

(España, época actual).

Toda la acción transcurre en el interior de una casa sobriamente decorada. Tiempos de crisis. No es una casa pobre pero es bastante austera.

Una barra de "cocina americana" en la izquierda con unos cuantos taburetes, un mueble al fondo con bebidas y algún cajón, un perchero y un par de sillones en la izquierda.

El fondo de las paredes es claro (no necesariamente blanco) y todos los muebles están en tonos oscuros. En las paredes hay un par de posters en blanco y negro de películas clásicas. En el lateral derecho del escenario hay un puerta corredera que da a una terraza. En la terraza hay una mesa y una silla. Es el sitio habitual de reposo de Enrique. Siempre que se sitúe en ese espacio se le verá en contraluz.

Hay un dúo (saxo-guitarra / saxo-piano) tocando jazz de los años 20 en la esquina izquierda, por delante del escenario. La música servirá de enlace a las escenas.

Las entradas están situadas, una a la izquierda (detrás de los músicos), que hace de puerta que da a la calle; y otra en el centro, al fondo del escenario, que ejerce como acceso al resto de la vivienda.

ACTO 1. PRESENTACIÓN.

(Música suave de jazz: DEVIL MAY CARE)

MEDIA LUZ

ESCENA 1.

(Entra Adolfo con una mochila grande. Joven, pero no demasiado. Enérgico, pero sin exageraciones. Tiene sus propias llaves pero aún así entra avisando. Deja las llaves en la encimera mientras llama a la gente en voz alta.)

ADOLFO: ¡Mamá? (pausa) ¡Papá? (pausa) ¡Miri? ¡¡Miri??.

(Entra en las distintas estancias y se asoma a la terraza, buscándoles.)

ADOLFO: ¡Hola? (pausa) ¡Papá? (pausa) ¡Miri? ¡¡No hay nadie??

(No hay nadie en la casa. Adolfo decide prepararse un sándwich pero le cuesta encontrar los ingredientes porque no se acuerda -o no encuentra- dónde están, así que se queda con un plato vacío en la mano.

La música se va desvaneciendo y aparecen ELISA Y MIRIAM. Ambas van correctamente vestidas pero sus ropas son algo viejas. Ellas van casi sin maquillar. Vienen de la calle con un par de bolsas medio vacías con cuatro cosas: pan de molde, jamón cocido, leche y poco más.)

LUZ GNRAL

ELISA: ¡Hijo! ¡Hijo!!! Pero, pero ¿qué haces tú aquí? ¡No te esperábamos!

MIRIAM: ¡Adolfo! ¡Qué sorpresa! ¿Qué tal estás? Pero… podías haber avisado que venías…

ADOLFO *(mientras le saludan y le besan afectuosamente):* Bien, bien. Oye, ¿no tenéis nada para picar por aquí? ¿Os es que lo tenéis escondido? ¡No he podido encontrar nada de comer en toda la casa!

MIRIAM *(echando una fugaz mirada a su madre):* Anda, desastre, será que no sabes buscar…

ELISA *(con fingida alegría y un toque de preocupación):* ¡Adolfo, hijo! ¿Has visto a papá?

ADOLFO: No… si acabo de llegar prácticamente.

ELISA: ¿Entonces no está en casa? Bien, bien…

ADOLFO: No, qué va. Me ha sorprendido que no hubiese nadie y, como venía con hambre, me iba a poner un sándwich, pero no he encontrado nada.

MIRIAM: Llevas tanto tiempo sin poner un pie en esta casa que se te ha olvidado dónde están las cosas… ¡Trae, melón! *(le coge el plato y comienza a preparar un sándwich).*

ELISA: Bueno, ¿y cómo tú por aquí? No te esperábamos…

ADOLFO: Fácil. Voy a un curso que da la escuela en Zaragoza y me pillaba de paso, y como me sobraba tiempo me he dicho: ¡voy a darles una sorpresa que hace días que no me paso por casa!

MIRIAM *(echándole la bronca ,pero cariñosamente)* ¿Días? ¡Meses dirás!

ELISA: Anda, no exageres…

MIRIAM: ¿No? ¿Cuándo fue la última vez que pasaste por casa?

ADOLFO: Mujer… no hace tanto. En Navidades estuve comiendo aquí…

MIRIAM: ¿Sí? ¡En las del año pasado…!

ADOLFO: ¡No! ¿Sí? *(Dándose cuenta del tiempo que ha pasado)* ¿Tanto tiempo hace…?

ELISA: Sí, hijo, sí. Lo que pasa es que en Madrid el tiempo pasa volando. Pero lo entiendo, estás tan ocupado…

ADOLFO: Bueno, pero llamo todas las semanas…

MIRIAM: ¿Todas las semanas? ¡Tendrás cara!

ADOLFO: Todas las semanas… que me acuerdo…

MIRIAM: Pero si llevas meses sin llamar…

ADOLFO: Llamé el otro día… pero no había nadie… y luego…

ELISA: Es igual, hijo, ¿cómo estás?

ADOLFO: Bien, bien. Muy ocupado. Entre el curso de cine y el trabajo…

ELISA: ¡Anda! ¿Pero estás trabajando?

ADOLFO: Sí. ¿No te lo dije?

ELISA: ¡Qué va! ¿Pero llevas mucho tiempo?

ADOLFO: Tres meses ya, de ayudante de cámara en la tele.

ELISA: *(Ilusionadísima)* ¡En la tele! ¿Y ganas mucho?

ADOLFO: ¡Ná! Pero si es en una tele local. Apenas para el alquiler y poco más. Si lo hago sobre todo para poder ponerlo en el currículum. Eso sí, me paso allí el día entero… pero pagar, pagan fatal. *(Satisfecho)* Aunque lo tengo todo calculado, ¡eh!, con lo de la tele me pago el piso, y con lo vuestro me pago el curso. Por cierto, que este mes no me ha llegado lo vuestro todavía…

ELISA *(se mira con MIRIAM)*: Sí, este mes nos hemos retrasado… Luego se lo diré a tu padre…

MIRIAM: ¿Y tú no ibas a empezar a trabajar de camarero?

ADOLFO: Sí, y ya lo hago, los fines de semana. Y es un trabajo "justísimo"…

MIRIAM: ¿? (¿justísimo?)

ADOLFO: Si, jus-tí-si-mo: que lo que gano en copas, me lo gasto en copas. ¡Ja, ja, ja!

(Elisa le ríe la broma. Miriam le echa una mirada inquisitiva y sale un momento sin decir nada.)

ADOLFO: Oye, ¿le pasa algo a Miri? La veo un poco rara…

ELISA *(disimulando):* Nada… hijo, nada… Que te echa mucho de menos, nada más.

ADOLFO: ¿Y papá? ¿Ha encontrado algo?

(Entra Miriam.)

ELISA: No… Ya sabes que la cosa está muy mal. Y más aquí. En Madrid a lo mejor es más fácil, pero aquí…

ADOLFO: ¿En Madrid más fácil? Madrid está hecha una mierda… Está igual en todas partes… *(Pausa)* Bueno, ¿y papá? ¿dónde está?

ELISA: Uff… No sé… Ya sabes, sale por las mañanas y tarda en venir…

MIRIAM *(con doble intención):* A ver qué dice al verte… Tengo curiosidad…

ADOLFO: ¿Por?

ELISA: No, por nada. Cosas de Miriam…

ADOLFO: Oye, faltan esos cuadros tuyos que tanto le gustaban a papá…

MIRIAM: Y que tú tanto odiabas…

ADOLFO *(bromeando):* ¡Eran horribles, mamá!

ELISA: Tu padre se empeñó en quitarlos. Un día dijo: "No me gustan estos cuadros". Los descolgó… y se deshizo de ellos.

ADOLFO: ¡No me jodas! Pero si le costaron un pastizal… Yo les habría sacado un buen dinero… Y seguro que el viejo los ha tirado a la basura… ¡ay!...

Eso sí, ahí sigue la foto del abuelo… *(Señalando un poster de "El Padrino").*

ELISA: *(riendo)* ¡Uff, el abuelo! Ya sabes que a tu padre le gusta tanto el cine que lo quiere como si fuese su abuelo de verdad… ¡Si ahora hasta le pone velas y todo!

(Se oye el ruido de llaves en la puerta.)

MIRIAM: Mira, hablando del rey de Roma…

ESCENA 2

(Entra ENRIQUE totalmente caracterizado como GROUCHO MARX. Por un segundo, por un solo segundo, cuando ve a ADOLFO, notamos desconcierto en su rostro, pero enseguida recupera su personaje. MIRIAM Y ELISA se quedan a la expectativa, observando la reacción de ambos.)

ADOLFO *(Sorprendido, partiéndose de risa):* ¡Pero, papá! ¡Qué bueno! ¿De dónde vienes? ¿De una fiesta? ¡Ja, ja, ja!

GROUCHO: Señorita… *(saludando muy amablemente. A Miriam le da un beso en la mano con extrema delicadeza y un ramo de flores de la calle.)*

Señora… (*A Elisa le empieza besando la mano y sube dándole besos por todo el brazo. Ella lo aparta con cariño haciéndose la molesta.*)

Caballero, le saludaría con la misma efusividad, pero no suelo besar a los hombres… al menos en la primera cita; así que dese usted por saludado: buenos días, buenas tardes y buenas noches....

ADOLFO: Ja, ja, ja… No, no me lo digas: ¡vienes de un concurso de disfraces! ¡O de uno de imitadores! Porque no me creo que te hayan contratado como el cobrador del frac.

GROUCHO: Me alegro de que le hagan gracias mis gracias, pero más gracias me hacen a mí sus gracias. Muchas gracias.

ADOLFO: Pero si hasta te has metido en el papel… Si hablas como él y todo…

GROUCHO: Señoras, estaré en la terraza jugando a mis queridas damas, mis muy queridas damas.

ADOLFO: Muy bueno, papá. Anda, dame dos besos.

GROUCHO: Querido joven. Hágame caso: yo nunca besaría a alguien como yo…

ADOLFO: ¡Qué bueno! (*A su madre y su hermana*) ¡Pero si lo imita estupendamente! (*Ellas asienten medio sorprendidas.*)

GROUCHO: Mujer, ¿a qué hora es costumbre tomar el aperitivo en esta buena casa?

ELISA: A la misma hora de siempre, Enrique.

GROUCHO: Entonces, estaré a la hora de siempre pero dos minutos antes, como siempre… Dos besos para la dama.

Y para la joven… Un baile sensual...

(*Baila "estilo Groucho" con Miriam*).

Mis saludos hasta entonces, si no nos vemos antes…

(Groucho sale a la terraza. Las dos mujeres se quedan mirando a Adolfo.)

MIRIAM: Bueno, ¿cómo ves a papá?

(Congelado, SEMI-OSCURO Y MÚSICA: I GOT RHYTHM).

ACTO 2. NO ES UNA BROMA.

(En la misma pose en que terminó el ACTO 1. A lo largo de la escena, Miriam intenta hacer la casa mientras ELISA prepara algo de comida).

LUZ GNRAL

ADOLFO: Pero… ¡esto es increíble!

MIRIAM: ¿Sorprendido?

ADOLFO: Ni siquiera sabía que tuviésemos un disfraz así…

ELISA: Se lo confeccionamos la abuela y yo para un baile de disfraces, hace unos años. Fue la sensación de la fiesta. Desde entonces tu padre le cogió tanto cariño que lo guardaba en la misma percha que el traje de nuestra boda…

ADOLFO: Es que lo imita estupendamente…

MIRIAM: Ya… Es que últimamente está cogiendo mucha práctica…

ADOLFO: ¿Cómo?

MIRIAM: Pues eso, que se lo pone mucho.

ADOLFO *(Desconcertado)*: ¿Y cómo es eso? ¿Va a muchas fiestas? No lo entiendo…

ELISA: Verás, hijo. Últimamente sólo se pone ese traje… Amanezco por las mañanas y ya me lo encuentro así vestido.

MIRIAM: Y actuando así…

ADOLFO: ¿Qué me estáis contando? O sea que… ¿que ésto es lo normal?... No, no.

(*Asomándose a la terraza, donde está Enrique leyendo*).

Oye, papá, mira lo que dicen éstas… Dicen que te pones ese traje todos los días…

GROUCHO *(desde la terraza):* Joven, le ruego que no me distraiga cuando estoy leyendo el periódico: luego pierdo el hilo de la historia y no me entero del final.

ADOLFO: Oye, papá, que estoy hablando en serio…

GROUCHO: En ese caso, no pierda más el tiempo, joven… desconozco ese idioma por completo.

ADOLFO (*acercándose mucho a él y cambiando el semblante*): Papá…

GROUCHO (*Cogiendo las mismas sílabas y el mismo tono de Adolfo, empieza a "tararear" "When the saints go marching in" mientras baila descaradamente por el escenario para volverse a la terraza, cerrando de un portazo*): Pa-pá… pa-pá… pa-pá-pa-pá-pa-pá…

ADOLFO (*Volviéndose a Elisa y Miriam, totalmente desconcertado*): ¿Qué… qué está pasando aquí?

ELISA: Verás, hijo. Siéntate aquí. (*pausa*). Tu padre se levantó un día y, simplemente, empezó a actuar así… (*pausa*) No… no le dimos mayor importancia… De hecho, yo me alegré mucho: era la primera vez que se le veía sonreír en meses…. y, desde entonces, no ha dejado de comportarse así.

ADOLFO: Pero… ¿desde cuándo sucede esto?

MIRIAM (*Le trae una bebida*): Desde que cerró la empresa, papá ha estado muy raro… muy deprimido… Al principio intentaba disimular, iba todos los días a buscar trabajo: siempre salía con una sonrisa… y siempre volvía muy serio… Luego, poco a poco, empezó a dejar de sonreír…

ELISA: Y a dejar de ser cariñoso…

MIRIAM: No hablaba… No saludaba…

ELISA: Ni siquiera daba los buenos días…

MIRIAM: El subsidio se acabó, el dinero nos empezaba a faltar…

ELISA: Y un día cogió los dos cuadros. Salió de casa por la mañana cuando todavía estábamos durmiendo y regresó con ese disfraz y con una sonrisa en la cara…

MIRIAM: Y así de cariñoso…

ELISA (*Con cierta culpa*): Yo… yo me alegré mucho…

MIRIAM: Las dos nos alegramos mucho…

ELISA: Ese fue el primer día que tu padre me daba un beso en meses…

MIRIAM: … y hasta ahora…

ADOLFO *(Totalmente sobrepasado por la situación)*: No entiendo nada… y ¿no habéis hablado con él?

MIRIAM: ¿Y qué querías que le dijésemos? Pensamos que se le pasaría en seguida… y además, Papá es feliz por primera vez en años…

ADOLFO: Y a mí… ¿cómo no me habéis avisado?

MIRIAM *(con cierto resentimiento)*: ¿Cómo? Te llamamos cuatrocientas veces a Madrid y, de pronto el número había desaparecido…

ADOLFO *(Explicándose)*: Apenas usaba el teléfono de casa y lo di de baja…

ELISA: Miriam te llamó al móvil y tampoco lo consiguió…

ADOLFO: Me cambié de compañía y me cambiaron el número… pensé que os había dado el nuevo…

MIRIAM: Pues no lo hiciste, Adolfo.

ADOLFO (*Recordando*): No lo hice…

MIRIAM: No lo hiciste.

ELISA: Claro que queríamos habértelo comentado, haberte avisado antes de que hubieses venido aquí…

MIRIAM *(Con lágrimas contenidas)*: Lo intenté, Adol. Lo intenté por todos los medios. *(Pausa)* Pero tú estabas muy ocupado con tus *Madriles* y tus cosas… (*Casi en voz baja*) Demasiado ocupado para preocuparte por tu familia…
(Silencio)

ADOLFO (*Recuperando la compostura, con la cabeza gacha*) Al menos… Al menos habréis hecho que le vea un médico, ¿no?

MIRIAM: ¿Con qué dinero, Adolfo? ¿Con qué dinero?

ELISA: El subsidio de papá se acabó hace meses, con el sueldo de Miriam apenas cubrimos la hipoteca…

MIRIAM: Y esto no lo cubre la seguridad social. Para esto necesitas un psicólogo bueno, de los que cobran bien… Y mientras, tú en Madrid, viviendo como un señor…

ADOLFO (*con culpa*): Siempre me habéis enviado la misma cantidad… No supuse… no imaginé que hubiese algún problema… Sólo este mes os habéis retrasado…

MIRIAM: A mí también me han despedido…

ADOLFO: ¿A ti también?

MIRIAM: Ya sabes: los recortes. A mí también me han "recortado"….

ADOLFO (*Cambiando de tono*): Pero esto tiene que cambiar… Esto tiene que cambiar ya… Papá no puede estar así ni un minuto más. ¿Me oyes, papá? Voy a llamar a un médico y vamos a solucionar esto…

MIRIAM: A ver si tienes más suerte que nosotras…

ELISA: Además, Adolfo, la situación no es tan grave: es una tontería que le ha dado… ya se le pasará…

MIRIAM *(Intentando tranquilizarle)*: Y no parece que esté sufriendo. Mientras dure, al menos, es feliz…

(Las dos mujeres le observan e intercambian miradas y algún comentario mientras Adolfo llama por teléfono.)

ADOLFO: ¿Clínica Velázquez? Mire queríamos cita para el Dr. Vallejo… No, no tenemos seguro… Sí, sería visita privada, sí… ¿Cuánto? ¿Seguro? Ok, no, no, muchas gracias…

MIRIAM: Puedes llamar a todos los médicos de la ciudad que todos te van a decir lo mismo…

ADOLFO *(Al teléfono otra vez)*: ¿"Mental Psics"? Hola, buenos días. Quería saber el precio de la consulta… ¿Cómo? No, no… Muchas gracias…

MIRIAM: Aquí tienes una lista con todos los teléfonos de las clínicas de la ciudad. Si quieres, me sé los precios de memoria…

ADOLFO *(Mientras marca otro número):* Tiene que haber un doctor más asequible, aunque sea uno que no esté en la lista… *(y sigue al teléfono, en voz muy baja… con el mismo resultado).*

ELISA: "Uno que no esté en la lista…". Oye… No se me había ocurrido antes… El primo Martín!

MIRIAM: ¿Quién?

ELISA: El primo de papá: el Doctor Martín.

MIRIAM: ¿Quién? ¿Doc Martin? Pero ese no es psicólogo, ¿no?

ADOLFO *(Que vuelve del teléfono totalmente frustrado)*: ¿Doc Martin? ¿Y quién es ese?

MIRIAM: Un primo de papá que se fue del pueblo para estudiar medicina…

ELISA: No ejerció de médico hasta hace unos años… me suena que ahora hace consultas a domicilio.

MIRIAM: Aquí está el número… Si quieres, llámale y que se pase cuando pueda…

ADOLFO: ¡Ahora mismo!

(MÚSICA: WHEN THE SAINTS GO MARCHING IN)
(OSCURO)

ACTO 3. DOC MARTIN.

ESCENA 1.

(Suena el timbre de la puerta. Un toque educado.

Volviendo del oscuro, MEDIA LUZ, ha

oscurecido un poco y nos encontramos a la

familia que posiblemente estuviese viendo la TV.

En seguida acuden a abrir. Enrique sigue

leyendo en la terraza.

Aparece el Doctor Martín (DOC), un tipo afable

y efusivo. Va con un maletín médico de donde

puede sacar cualquier cosa...)

LUZ GNRAL

DOC *(Con alegría)*: ¡Hombre!

MIRIAM *(Ella le iba a dar la mano con*

amabilidad, pero él enseguida la coge, la besa y

la abraza con efusividad, y así con todos):

Buenas noches.

DOC: Espero que no sea muy tarde.

ELISA: No, qué va. Buenas noches, Doctor Martín.

DOC: Doc, por favor, doc.

ADOLFO: Buenas noches, "doc".

DOC: Y tu debes ser Adolfo… Joder, ¡cuánto tiempo llevaba sin veros a todos! ¡Pero qué alegría¡

(*A Elisa*) ¡Vaya cómo se te han puesto los muchachos, Elisa! Y tú no has cambiado nada: ¡tan guapa como siempre! (*Bromeando*) ¡Vosotros no necesitáis médicos que tenéis una pinta estupenda!

(*Coge el maletín y hace amago de irse*)…

MIRIAM: No, no, doctor, no se vaya…

DOC: Que no, mujer, que no. Cómo voy a irme sin tomarme algo con vosotros…

ELISA (*A Miriam*): Corre, ponle un refresco al doctor…

DOC: ¿Y vuestro padre? ¿Dónde se encuentra?

ADOLFO: Pues de eso se trata, Doc. Más bien de "cómo" se encuentra…

DOC: Cuéntame, adelante. (*Preparado para tomar nota*)

ADOLFO: Verá, le hemos llamado porque mi padre tiene un problema…

DOC: Tos, estornudos, mocos??

ADOLFO: No, no. Más bien se trata de…

DOC: Vértigos, mareos, desmayos??

ELISA: Qué va, fuerte como siempre…

DOC: Dolores, picores, escozores?

MIRIAM: No, no. Nada de eso, Doc.

DOC: ¿Algún impedimento físico?

ADOLFO: Que no, doctor, que se trata de…

DOC: Entonces vuestro padre está estupendamente.

(Cerrando la libreta y haciendo amago de marcharse.)

Aquí está la factura, buenas noches…

ELISA: ¡Pero, Doctor, espere un segundo!

DOC: ¡Que no, mujer, que es broma! Ya me imagino que si me habéis llamado es por algo. Solo quería que os fuese más fácil contármelo: dejaos de dramatismos y contadme. ¿Qué le sucede a Enrique?

(Se sientan todos.)

ADOLFO: Directamente: mi padre tiene un comportamiento muy extraño últimamente. Cree que es otra persona.

DOC: Ajá. Entiendo. *(Pausa)* ¿Y le sucede desde hace mucho?

MIRIAM: Un par de meses. Más o menos.

DOC: ¿Algún comportamiento extraño antes de eso?

ELISA: Bueno… desde que cerró la empresa…

DOC: Ah, sí. Ya me enteré… Una pena…

ELISA: Él había estado bastante triste, muy apagado…

DOC *(Serio)*: Ya, ya… ¿Y cómo se comporta? ¿Quién se cree que es?

ADOLFO *(Preocupado, suspirando)*: Groucho Marx.

DOC: ¿Cómo?

(Pausa incómoda, se miran unos a otros.)

ADOLFO: Groucho Marx… el de los hermanos Marx…

DOC *(Repitiendo)*: Groucho… Marx?

ADOLFO *(Asiente. El resto de la familia, asiente también.)*

DOC: El de los hermanos… Marx…

ELISA: Sí…

MIRIAM: Sí.

DOC *(Progresivamente emocionado)*: Este Enrique… Este Enrique… ¡¡Pensaba que me ibais a decir que se creía el diablo, o –yo que sé–, la niña del exorcista!!… Pero… ¡Groucho Marx! ¡¡¡Eso es genial!!!

ADOLFO: Hombre, doctor… genial, genial…

DOC: Que sí, hazme caso, muchacho… Un hombre que se siente deprimido y que de pronto se cree Groucho Marx es una gran noticia… Además, a tu padre siempre le gustó mucho…

ADOLFO: Ya, pero tiene que comprender que no es una situación muy normal…

DOC: Y lo comprendo… Pero es que… ¡ha elegido muy buen personaje! Hasta en eso ha tenido buen gusto…

(Pausa) Exactamente, ¿desde cuándo está así?

ELISA: Unas cuantas semanas…

MIRIAM: Mañana hará dos meses, doc.

DOC: Dos meses (anotando en su libreta). Y ¿hubo algún desencadenante? ¿Algo especial que le empujó a hacerlo?

ELISA: No, qué va… Un día se puso el traje y… desde entonces es Groucho.

DOC: Bien, ¿y siempre se comporta como Groucho o lo alterna con momentos en los que se comporta "naturalmente"?

MIRIAM: No… siempre se comporta así. Desde que empezó a vestirse de Groucho no ha vuelto a hablarnos "normal".

DOC: Y con vosotros... ¿Algún cambio de comportamiento? ¿Agresividad? ¿Más distante quizás?

ELISA: Uy, todo lo contrario, doctor. Más cariñoso que nunca…

DOC: (*Anotando*) Entiendo. Perfectamente. ¿Y ahora, dónde está?

MIRIAM: En la terraza. Se pasa horas ahí. Leyendo, o simplemente observando. Tan tranquilo…

DOC: Muy bien. Está muy claro… Os voy a pedir un favor: necesito estar a solas con él. Id a dar una vuelta, que os dé el aire. Hace una noche estupenda. Dadme un teléfono. Cuando termine con él, os aviso…

(ELISA, MIRIAM Y ADOLFO se marchan, prácticamente empujados por DOC. Él se acerca a la terraza y abre la puerta con suavidad.)
MÚSICA: AUTUMN LEAVES

ESCENA 2

DOC: Hola, Enrique.

(Enrique le mira pero no contesta. Vuelve a cerrar la puerta de la terraza. Repiten el "juego" una vez más. Como el doctor insiste en abrirla, ENRIQUE termina por salir y sentarse en uno de los sofás con el periódico, rehuyéndole la mirada.)

(El doctor saca una botella y dos vasos de su maletín y se pone tranquilamente al lado de Enrique. Le sirve sin preguntar, levanta la copa y espera pacientemente a que Enrique le mire y posteriormente le dé su "asentimiento" para beber. Brindan al aire y ambos beben. Luego se sienta a su lado.)

DOC.: ¿Sabes? Hay pocas cosas que esto no pueda curar…

ENRIQUE: ¿El alcohol?

DOC: No, hombre, no. "Esto": un poco de conversación… Esto otro (*levantando el vaso*) es solo la excusa para charlar. Y charlando, como mínimo, se alivian tensiones… que no es poco en ciertas circunstancias…

ENRIQUE: (*Tratando de identificar el sabor del vaso*) ¿Qué es?

DOC: Tú deberías saberlo mejor que nadie… Si fuiste tú el primero que me lo dio a probar cuando era un crío y yo te pregunté exactamente lo mismo: "¿qué es?". ¿Y qué me dijiste, eh? ¿Qué me dijiste?

LOS DOS: (*Entre risas apagadas*) ¡Aguadefuego!

DOC: ¡Aguadefuego! Ni que fuésemos indios… Vamos que… Pues no nos bebimos "aguasdefuego" tú y yo…

ENRIQUE: No… no había vuelto a probarla desde entonces…

DOC: Pues tú te lo pierdes. No, no estoy diciendo que te tengas que beber una botella todos los días, pero esto ha salvado más vidas que la penicilina…

ENRIQUE: Hombre, y habrá estropeado muchas también…

DOC: ¿Qué? ¿El *aguadefuego*? No, hombre, no. Tú estás pensando en esa gente que bebe por beber, en los que se toman el alcohol como los nórdicos, que se pillan unas melopeas… o como los jóvenes de ahora, que parece que están echando una carrera… Pero con el *aguadefuego* no puedes beber así… Esto no tiene sentido beberlo solo y además… ¡a ver quién es el guapo que aguanta tres de éstas!

ENRIQUE: Visto así…

DOC: Si es que no hay otra forma de verlo, Enrique… Créeme cuando te digo que la mitad de mi trabajo se soluciona escuchando al personal con una copa de esto. Es lo que más necesitan las personas: sentirse escuchadas, sentir que alguien escucha sus problemas… Te tomas una copa con ellos y, oye, ¡magia! Enseguida desaparecen la mitad de las angustias y de los dolores…

ENRIQUE: Será la mitad, pero la otra mitad no lo arreglas con eso…

DOC: La otra mitad la arreglo con las "pastillas mágicas". (*Saca una cajita*) ¿Sabes lo que es esto? La mejor droga que ha inventado el ser humano… Tómate una.

ENRIQUE: No quiero drogas. No necesito ninguna droga.

DOC: ¡Que te tomes una, hombre! Si no pasa nada… Yo me las tomo por docenas, mira… (*y se toma 2 o 3*).

ENRIQUE: ¿Estás loco? Te vas a hacer polvo…

DOC: Hombre, muy bonito, llamarme loco tú a mí.

Pero si no pasa nada… Ya te he dicho que es lo mejor que han inventado los científicos: sin efectos secundarios ni nada…

¿Sabes qué es?

ENRIQUE: (*Intrigado, aunque intentando aparentar indiferencia*) ¿Qué es?

DOC: Pues un placebo, ¡tonto! Un placebo. Esto es, dijéramos, como una golosina…

ENRIQUE: Un placebo…

DOC: Un placebo, sí. No tiene nada, pero la gente no lo sabe y cree que contiene justo lo que necesitan para curar lo que sea que les duela…

ENRIQUE: Y la gente se lo cree…

DOC: ¡Y no sabes cómo funciona…! ¡No hay medicamento más fuerte que la cabeza de uno! Un poco de conversación, el "aguadefuego", el placebo, y ya está hecho el 90% de mi trabajo…

(*Cambiando de tono, contándole un secreto*) Shhhh, ¿quieres saber un secreto?

Si yo no soy ni médico ni nada, pero con esto me vale…

ENRIQUE *(Escandalizado, pero todavía en voz baja)*: ¿Cómo que no eres médico? ¿Pero qué estás diciendo?!

DOC: Shhhh… Pues eso, que no soy médico…. A ver, ¿en qué trabajaba yo antes?

ENRIQUE: ¿Antes? Hace años trabajabas en las granjas como veterinario…

DOC: Pero cuando las explotaciones agrícolas empezaron a cerrar…

ENRIQUE: Te fuiste a Madrid a estudiar medicina.

DOC: Solo que me matriculé el primer año y me di cuenta de que no tendría ni tiempo ni dinero para pagarme los siete años de carrera. Así que, con el dinero que me quedaba, me compré un título falsificado… ¡Y tan bien que hice, oye! *(Dándole una palmada en la espalda.)*

ENRIQUE: Pero… ¡estás loco! ¡Estás jugando con las vidas de la gente!

DOC: ¡Va! Ya te he dicho antes que mi trabajo se resume en escuchar a los demás. La gente lo que necesita es que les escuchen. Soy más un psicólogo que un médico…

¡Eh! Y a unas tarifas reducidísimas... Soy el médico que les queda a los que no pueden permitirse un médico de verdad.

ENRIQUE: Pero, ¿qué hay de los casos graves?

DOC: ¡Que yo soy legal ante todo! Ya te digo que el 90% de los casos que yo atiendo se resuelven escuchando a la gente, preocupándote por ellos y recetándoles las pastillitas mágicas... Ahora, si yo veo que alguien tiene un problema grave de verdad, enseguida lo derivo a un especialista... ¡No soy un asesino!

ENRIQUE: Aún así, me parece una locura...

DOC: Deja de hablar de locuras, Enrique, que no te conviene...

Además, tampoco te creas que hay tanta diferencia entre la veterinaria y la medicina... Tu caso, por ejemplo: anda que no me he encontrado animales que se hacían pasar por otros: cerdos que se creían perros, gallos que se creían gallinas, perros que se creían ovejas… ¡Y hasta algún caballo que se creía yegua!

LOS DOS: *(Recordando divertidos)* El del tío *Roscachapas*!

DOC: Es normal… En un momento de nuestras vidas nos cansamos de ser nosotros mismos y huimos… Unos cambian de casa; otros, de profesión; otros cambian de vida… Tú solo has cambiado de disfraz…

(Silencio.)

ENRIQUE: ¿Y qué les vas a decir?

DOC: ¿Que qué les voy a decir? La verdad... Que no pasa nada.

ENRIQUE: Gracias, Martín.

DOC *(Corrigiéndole)*: ¡Che! Doc Martin… ¿Tú sabes lo que me ha costado conseguir ese título? Bueno, tú si lo sabes, que a ti te lo he contado, qué te voy a decir…

ENRIQUE *(Despidiéndose de él, dándole la mano)*: Gracias. Oye, ¿qué te debo?

DOC: Nada, hombre, nada… Con lo que tú has hecho por mí de joven… A esta consulta te invita la vieja de la calle Ermita…

ENRIQUE: ¡La vieja *pelleja*! Pero, ¿todavía vive?

DOC: ¡Y no veas cómo! Esa fue la que se quedó con todo cuando liquidaron tu empresa… Me llama cada dos por tres, más bien por tener alguien a quién contarle sus penas… porque desde que cerró la empresa, ni las ratas le tienen aprecio…

Le cobro a ella su consulta y la tuya y santas pascuas.

Y no creas que contigo hago una excepción… que lo hago habitualmente: cuando veo que alguien no tiene con qué pagar, le perdono la consulta… ¡pero me la cobro con el primero que veo que tiene pudientes!

ENRIQUE: Como la vieja *pelleja* se dé cuenta, se te acaba el chollo…

DOC: Te voy a decir una cosa… Yo creo que ya se ha dado cuenta. Me da que ella ya se ha enterado, pero que no se atreve a decir nada porque sabe que, en el fondo, es lo justo…

ENRIQUE: ¡Cómo eres, Martín!

(Se dan un abrazo sentido.)

DOC: Con lo feliz que estaba yo cuidando caballos… y me tengo que conformar con cada asno… ¿Y sabes lo peor? ¡Que los humanos damos más coces!

ENRIQUE: ¡Y con peor intención!

DOC: Bueno, Enrique, déjame hablar con tu familia y tranquilizarles. ¡Que no llego luego a la consulta de la vieja *pelleja*! Hala, a seguir bien.

(Enrique se marcha a la terraza y Doc llama a la familia, que entra preguntando impacientemente. Probablemente estaban esperando en la puerta de la vivienda, así que no tardan en entrar.)

ESCENA 3

MIRI: ¿Qué tal, Doc Martin? ¿Cómo ha ido?

DOC: Bien, bien, no hay de qué preocuparse.

ELISA: ¿Pero usted lo ha notado raro?

DOC: Raro, raro… Hombre, está claro que el disfraz es escandaloso, pero… ¡más raro soy yo, y nadie me dice nada!

ADOLFO: ¡Pero qué está usted diciendo! ¡Está claro que a mi padre le sucede algo grave!

DOC: Nada, chaval, no te preocupes tanto. Hay heridas que solo el tiempo puede curar y ésta o la cura el tiempo, o no la cura nada. ¿Quieres drogas?

ADOLFO: Pero, ¿qué dice? ¡Me está ofreciendo drogas! ¡Este tío está loco!

DOC: Tranquilo, hombre, que son solo *juanolas…*

ADOLFO: ¿Y esa es la solución? ¿Esa es su solución?

DOC: Tómatelo así. Esto es como una tirita. Cuando te haces una herida, lo normal es que te pongas una tirita. A veces lo haces para que no se infecte, sí; pero hay veces que te la pones para no ver la herida, porque es fea y al verla, duele; y si no te la ves, se te olvida que está ahí y no duele. Pues esto es igual: ese disfraz de tu padre es su tirita.

ADOLFO: ¡Estoy harto de oír gilipolleces! ¡A mi padre le pasa algo y habrá que solucionarlo!

(*Se marcha dentro con el teléfono y la guía.*)

DOC: Nada, hombre, si es que no hay forma...

(*A las mujeres*) Bueno, familia, yo he hecho lo que he podido. De verdad, no le deis mayor importancia.

(*Por Adolfo*) Y tranquilizadme a la fiera... éste sí que me preocupa más que el padre…

ELISA: Doctor, los honorarios…

DOC: (*Interrumpiéndola*) No os preocupéis por nada, ya se ha hecho cargo Enrique… ¡Invita la vieja pelleja!

Venga, hasta luego, que no llego…

(Falso mutis por la puerta.)

(Justo cuando MIRIAM abre la puerta para DOC, aparece el INTERVENTOR, impecablemente vestido, un tipo extremadamente serio y excesivamente educado).

INTERVENTOR: Buenas tardes. ¿Don Enrique Maris?

(CONGELADO, SEMI- OSCURO Y MÚSICA)

ACTO 4. EL INTERVENTOR.

INTERVENTOR: Muy buenas tardes, ¿es éste el número 15 de la calle Mayo?

MIRIAM (*Con algo de intranquilidad*): Sí… éste es.

INTERVENTOR: ¿Reside aquí don Enrique Maris?

MIRIAM: Sí, es mi padre… ¿sucede algo?

INTERV.: Soy don Julio Morgan, encargado de intervenciones hipotecarias del Banco CHP United… Pero no se preocupen, estoy aquí para ayudarles…

(Interrumpiendo en un segundo plano.)

DOC: Bueno, yo… Me tengo ir… mañana me vuelvo a pasar por aquí…

(Mutis.)

INTERV.: Estuve hace unas semanas hablando con su padre, don Enrique, encantadora persona… Quedamos en volver a vernos en unos días pero como no ha aparecido por la oficina, he pensado en pasarme por su casa…

ELISA: Verá, es que… lleva una temporada que… no se encuentra bien…

INTERV: Usted debe ser Elisa, sin duda. Verdaderamente encantado de conocerla. Ante todo quiero tranquilizarles, eh. No hay ningún problema serio con su hipoteca. Nada que no se pueda solucionar.

ELISA *(Presentando a Adolfo, que entra de fuera.)* Este es mi hijo Adolfo. Adolfo, un señor del banco…

INTERV: CHP United. ¿Su hijo? No sabía que don Enrique tuviera un hijo… Mucho gusto.

ADOLFO: Ya… ya he oído… ¿Cuál es el problema con la hipoteca?

INTERV: Ya les digo que no es nada de lo que preocuparse… Quisiera hablar con don Enrique. Unas palabras con él, tan solo, para solucionarlo…

(Los tres se miran intentando saber cual es la mejor solución.)

(Aparece GROUCHO de improviso con el periódico en la mano.)

GROUCHO: ¿Cuál es problema aquí? ¡Así no hay quién lea!

MIRIAM: ¿Te hemos molestado con tanto ruido?

GROUCHO: ¡Ese es el problema! Que no me habéis molestado lo suficiente! Si no hay el ruido necesario, no puedo concentrarme lo suficientemente bien para leer…

(Hace amago de volverse a la terraza…)

ADOLFO: ¡Papá! Este señor dice que te conoce…

GROUCHO: No le creáis. No sabe lo que dice... Yo jamás olvido una cara... aunque puede que, en su caso, hiciera una excepción.

INTERV.: ¿Don Enrique? ¡Por dios! No le había reconocido… ¡estupendo disfraz!

GROUCHO: (*Bromeando como Groucho.*) ¿Disfraz? ¿Estos trapitos? ¡Qué va! Si son sólo unas *bagatelas*…

INTERV.: Verá, don Enrique, vengo de parte del banco… estuvimos hablando hace unas semanas…

GROUCHO: ¿Viene del banco? ¿Y qué quiere ahora el banco? Ya dejé firmado que cuando me muera les envíen el 10% de mis cenizas…

INTERV.: Me gustaría tener unas palabras con usted sobre su hipoteca, no se preocupe…

GROUCHO: ¿Por qué debería preocuparme por mi hipoteca? ¿¿¿Qué han hecho ustedes con mi hipoteca??? ¡¡¡No me diga que la han perdido!!!

INTERV.: Le ruego que deje de bromear durante unos segundos. A mí me encantan las bromas, se lo aseguro, pero necesito que me escuche durante unos minutos…

GROUCHO: Caballero, he disfrutado mucho con nuestra conversación, de veras… especialmente cuando usted no hablaba…

INTERV.: Señor Maris, permítame insistir en que estoy aquí para ayudarle. De verdad que no me gustaría que el banco tuviese que quedarse con su casa…

GROUCHO: Le aseguro que a mí tampoco me gustaría… y ya que estamos de acuerdo en este asunto…

(Le intenta acompañar hacia la puerta.)

ELISA: (*preocupada*) ¿Qué es eso de que el banco se quiere quedar con la casa?

INTERV.: Nada, señora Elisa. De verdad que no se preocupe Estoy aquí para solucionar el entuerto…

GROUCHO: (*Fingiendo querer pelea*) ¿Tuerto? ¿Qué tuerto? Aquí el único tuerto que hay es usted, y dé gracias que no le pongo ciego…

MIRIAM: Papá, por favor, tranquilízate un poco…

(Elisa y Miriam apartan a su padre del Interventor e intentar "razonar" con él mientras Adolfo se aproxima al Interventor. La situación se asemeja a un ring de boxeo, con los contrincantes en las esquinas tomando resuello.)

ADOLFO: Perdone… disculpe la actitud de mi padre. Realmente no sabemos lo que le ocurre, acaba de irse el doctor, pero… ¿no dijo usted que no había ningún problema?

INTERV.: *(Excesivamente amable, como siempre)* Y no lo hay, realmente no lo hay…

ADOLFO: Pero acaba de decir usted que el banco se puede quedar con la casa…

INTERV.: No existe ningún problema… Mire, me encantaría hablar con su padre. Él sabe a lo que me refiero…

GROUCHO: *(Desde la otra punta, a voces.)* No os fiéis de él. Puede parecer un idiota, y actuar como un idiota, pero no os dejéis engañar… ¡es realmente un idiota!

MIRIAM: *(Recriminándole.)* ¡Papá! Por favor, papá.

ELISA: *(Disculpándose.)* De verdad que lo sentimos, señor. Nunca se había comportado así… no sé lo que le pasa…

INTERV.: Oh, de verdad que no tienen que disculparse… estoy empezando a comprender la situación… entiendo que está siendo duro para todos…

ADOLFO (*Intentando razonar con Enrique*): Papá, papá. ¿Qué diablos te pasa? No sé qué demonios habrá pasado en mi ausencia pero será mejor que te comportes. Escucha a éste señor…

INTERV.: Mire, don Enrique, yo soy un simple enviado del banco… No tenemos ningún interés en empeorar las cosas. De verdad. Estamos para ayudarle.

(Mientras Adolfo sigue intentando convencer a Enrique.)

MIRIAM: ¿Cuál es el problema exactamente?

INTERV.: Hace unas semanas su padre acudió al banco para renegociar las condiciones de la hipoteca… (*Miriam y Elisa se miran extrañadas.*) Acordamos ampliar el préstamo a cambio de endurecer una serie de condiciones… Aquí está el documento.

(Se lo entrega. La familia lo observa.)

GROUCHO: Déjenme verlo... *(Lo coge y lo lee "detenidamente".)* Lo que yo decía... aquí no dice nada...

INTERV.: ¿Cómo? Si lo tiene aquí, delante de sus narices...

GROUCHO: ¿Y a quién va a creer usted? ¿A mí, o a sus propios ojos?

INTERV.: Estimado señor Maris, creo que no comprende la gravedad de la situación...

GROUCHO: Claro que lo entiendo... Hasta un niño de 5 años podría entenderlo... ¡que me traigan un niño de 5 años!

INTERV.: *(Desistiendo de hablar con Groucho.)* Como pueden ustedes ver, en el documento se estipula que si hay cualquier tipo de impagos el banco se haría cargo de la propiedad de la casa...

ELISA: Pero, ¿cómo puede ser eso? Si está prácticamente pagada…

INTERV.: A nosotros también nos extrañaron las condiciones del nuevo contrato, pero fue don Enrique quién se empeñó personalmente en redactar el pliego. Nosotros ni siquiera sugerimos una modificación… Ahora, nunca habríamos esperado esto…

ADOLFO: ¡Papá! ¿Es esto verdad? ¡Cómo has podido hacer esto!

GROUCHO: Joven, voy a hablar con usted en serio: una mañana me desperté y maté un elefante con pijama… Me pregunto cómo pudo ponerse mi pijama…

ADOLFO: (*Desesperado.*) ¡Esto… esto es increíble! (*Al Interventor.*) Pero el banco…

INTERV.: Ya le digo que el Banco CHP United siempre se ha caracterizado por intentar ayudar a sus clientes. Son poquísimos los que acaban en la calle a fin de mes e intentamos agotar todas las vías antes de desalojarlos violentamente de sus casas… No nos gustan ese tipo de soluciones. Por eso he acudido yo personalmente a intentar resolver esta situación… pero ya ven que el documento es claro y no nos quedará otro remedio que tomar las medidas que se estipulan en el contrato de no quedar la deuda saldada de inmediato…

ADOLFO: Concédanos una prórroga, unos cuantos días…

INTERV.: Lamento decirle que la política de nuestro banco nos impide tomar este tipo de decisiones…

MIRIAM: Pero acaba usted de decir que estaban aquí para ayudar…

INTERV.: (*Condescendiente*) Hay cosas que no están en mi mano y yo no puedo saltarme nuestra política de trabajo…

MIRIAM: Pero serían ustedes incapaces de dejar a una familia en la calle…

INTERV.: Por supuesto, ¿quién se han pensado ustedes que somos? Ya le he dicho que es una medida que tomamos en muy escasas situaciones… dos o tres a fin de mes…

ADOLFO: Pero usted mismo puede ver que esto es una situación excepcional.

INTERV.: (*Excesivamente condescendiente.*) El banco no puede entender de situaciones excepcionales. Si nos metiésemos en ese terreno, todo serían excepcionalidades… Nos limitamos a cumplir con la legalidad vigente, entiéndanlo.

MIRIAM: Vamos, que nos está diciendo con muy buenas palabras que nos van a desahuciar.

(Silencio largo.)

INTERV.: (*Se acerca a Enrique, que parece ahora más calmado.*) Señor Maris, yo sólo he venido a hablar con usted y a recordarle el documento que usted elaboró y donde se estipula que es necesario hacer un aviso previo al desahucio…

(Le da la mano. Enrique coge su mano y mira su reloj.)

GROUCHO: Antes de que salga por esa puerta, déjeme decirle algo…

(Coge su mano, ceremonioso, serio. Se lleva la mano al oído.)

O usted se ha muerto, o su reloj se ha parado…

INTERV.: (*Separándose violentamente.*) En fin, es imposible. Yo he venido con la mejor intención pero…

ADOLFO: ¡Don Julio! Disculpe la actitud de mi padre. Lo siento en el alma. Removeremos Roma con Santiago, haremos lo que tengamos que hacer, pero conseguiremos el dinero…

INTERV.: (*Iniciando la salida.*) Es una alegría encontrarse con alguien razonable… pero debe usted darse prisa: los plazos están bien marcados… Mañana volveré a verlos. Hasta entonces. Señores, señoras…

(*Cuadrándose de modo cuasi militar, sale.*)

GROUCHO: (*Acude gritando a la puerta.*) ¡¡He pasado una noche estupenda!! ¡Pero no ha sido ésta, eh!

(*Al volver de la puerta se encuentra con la mirada violenta de los tres.*)

(CONGELADO, SEMI- OSCURO Y MÚSICA:

)

ACTO 5. LA PELEA.
ESCENA 1.

ADOLFO: Pero, ¿se puede saber qué narices es esto? ¿A qué juego estás jugando, Papá?

(Enrique le evita y va a recoger el periódico con la intención de seguir leyendo en la terraza.)

ELISA: (*Casi en voz baja.*) Adolfo, ten calma… tu padre está… enfermo…

ADOLFO: ¿Enfermo? (A *Enrique.*) Pero, ¿tú sabes lo que has hecho? Vamos a perder la casa… ¿Quieres ver a mamá y a Miri en la calle?

MIRIAM: (*Recriminándole.*) ¡Adolfo!

ADOLFO: (*Intentando tranquilizarse.*) Mirad… tenéis razón de que no he estado pendiente de mi familia. Quizás he estado demasiado ocupado en mis cosas, demasiado centrado en mí mismo. Pero os prometo que esto va a cambiar. Papá tiene que hablar conmigo y decirme por qué narices ha cambiado la hipoteca… Sería una buena idea que me dejaseis a solas con él.

ELISA: ¿Cómo a solas? Adolfo, ¿estás seguro?

ADOLFO: Quizás a solas consiga que me explique todo… Parece que antes funcionó con el Doctor Martin.

ELISA: (*Mira a Miriam y espera su asentimiento.*) No sé…

MIRIAM: Tranquila, mamá. Adolfo tiene razón: a lo mejor esto está llegando demasiado lejos…

(Elisa la mira intensamente, como preguntando si es buena idea. Finalmente ambas asienten y se marchan bajo la mirada insistente de Adolfo.)

(Adolfo se sienta e intenta calmarse completamente antes de iniciar la conversación con su padre. Abre la puerta de la terraza y le lleva una bebida.)

ESCENA 2

ADOLFO: (*Íntimo.*) Al final se va a quedar una noche estupenda…

GROUCHO: (*Sin querer prestarle atención.*) ¿Quiere tener una noche estupenda, joven? Un buen libro, un buen whisky y una buena siesta a las 12 de la mañana… puede que no sea de noche, pero le aseguro que será estupenda…

ADOLFO: ¿Por qué haces esto, papá?

GROUCHO: ¿Por qué las nubes son blancas? ¿Por qué el cielo es azul? Estos días los poetas se empeñan en pintarlas de todos los colores posibles, pero si Dios hubiese querido que los hombres volaran, ¡les habría dado billetes gratis!

ADOLFO: ¿Tú te das cuenta de lo que estás causando?

GROUCHO: Una mañana una golondrina entró por mi ventana, como llevaba frac pensé que vendría de fiesta… cuando comprobé que no cantaba, la eché con cajas destempladas... ¡menudo pájaro!

ADOLFO: Mírame a los ojos: ¿hasta cuando vas a seguir con esto?

(Le aparta el periódico de la vista. Groucho se levanta y comienza una "huida".)

GROUCHO: Una persona que mira a los ojos no es de fiar… ¿quiere saber si una persona es de fiar? ¡Mírele a la cartera! Si tiene más de diez dólares no es de fiar… se lo digo yo, que siempre llevo más de veinte…

ADOLFO: *(Progresivamente más firme.)* Papá, mírame a los ojos…

(Se inicia una persecución por todo el escenario, progresivamente rápida. Adolfo, cada vez más enfadado; Groucho, cada vez más asustado.)

GROUCHO: ¡A mí la caballería!

ADOLFO: Papá, mírame a los ojos…

GROUCHO: ¡A mí los indios!

ADOLFO: ¡Papá, mírame a los ojos!

GROUCHO: ¡A mí John Wayne!

ADOLFO: ¡¡¡Papá, mírame a los ojos!!!

GROUCHO: ¡Más madera! ¡Esto es la guerra!

(En este último grito termina la persecución por el escenario. Adolfo ha intentado placarlo varias veces y finalmente, inmerso en el fragor de la persecución, no calcula bien sus fuerzas y lanza violentamente a su padre al suelo / sobre el sofá.)

ADOLFO: *(Recomponiéndose.)* Tú te lo has buscado, papá. Yo no quería… De verdad que no quería… *(Pausa.)* Lo siento… ¿Estás bien?

(Enrique se queda dolorido y humillado casi en posición fetal.)

ENRIQUE: No pensé que pudieses llegar a este extremo, Adolfo…

ADOLFO: Tú me has obligado, papá. No había forma de hacerte entrar en razón.

ENRIQUE: Nunca pensé que pudieses llegar a este extremo… Nunca pensé que pudieras llegar a ponerme la mano encima…

ADOLFO: ¡Deja ya de lamentarte! ¡Ha sido un accidente! Si hubieses entrado en razón, no tendría que haber recurrido a esto…

ENRIQUE: Ya, ya…

ADOLFO: ¿Por qué has hecho esto?

ENRIQUE: Y tú, ¿por qué has tenido que regresar de Madrid, justo ahora?

ADOLFO: ¿Cómo? Creí que te alegrabas de verme…

ENRIQUE: Y me alegro, ¿pero tenías que volver precisamente ahora? Después de meses sin pisar esta casa.

ADOLFO: Y te encuentro así, disfrazado de... *payaso*...

ENRIQUE: ¿Tú te crees que a mí me gusta ir disfrazado así? ¿De verdad crees que lo hago por gusto?

ADOLFO: (*Sorprendido.*) ¿Por qué lo haces, entonces?

ENRIQUE: ¿Por qué lo hago...? ¿Tú has visto a tu madre? ¿Has visto a tu hermana cuando has llegado a casa?

ADOLFO: (*Desconcertado.*) Sí.

ENRIQUE: ¿Acaso las has notado deprimidas o incluso especialmente preocupadas...?

ADOLFO: No, y no lo entiendo. Cuando he empezado a ver el cariz de la situación yo estaba totalmente desconcertado y a ellas se las veía extrañamente... serenas...

ENRIQUE: Porque el único problema que veían era esto: un hombre que se viste con un disfraz de Groucho Marx… ¡menudo problema!

ADOLFO: (*Completamente desconcertado.*) No lo entiendo…

ENRIQUE: Mira, Adolfo: desde que la empresa cerró todo han sido problemas. La falta de trabajo, el dinero, la sensación de no valer nada… Al principio lo intenté llevar de la mejor manera, pero después de meses de llamar y llamar y encontrarme todas las puertas cerradas en las narices…

Los ahorros se acabaron, y después la prestación también… La situación se hizo desesperada. No tenía fuerzas ni ganas, ni de mirarle a tu madre a la cara… y eso es lo último, Adolfo, lo último.

(*Silencio.*)

La última mañana que salí a buscar trabajo me quedé unos segundos esperando fuera de la puerta, tratando de encontrar en mi interior mis mejores ánimos para afrontar otra serie de "NOes"… y entonces oí a tu madre, sollozando al otro lado de la puerta… Y me di cuenta: estaba sufriendo por ella, sí, pero sobre todo estaba sufriendo por mí.

Nadie me iba a contratar, Adolfo, nadie. Y no teníamos apenas dinero. Ni siquiera teníamos para comer… Además, también oí que a Miri la iban a echar del trabajo… y eché cuentas: era imposible continuar así! Íbamos a perderlo todo!
(Silencio.)
Y lo más importante: íbamos a perdernos a nosotros mismos… me di cuenta cuánto tiempo había estado rehusando a tu madre y evitando a tu hermana… y me dije: "esto no puede seguir así, Enrique… ¡No puede seguir así!"

Cogí los cuadros que había colgados… –tú sabes lo que me gustaban esos cuadros, ¿verdad?–… Los vendí, te mandé parte del dinero por correo y traje el resto a casa. Y ese día, viendo sonreír a tu madre y a tu hermana, me propuse que –acabase esto como acabase– mi máximo, mi único propósito, sería hacerlas felices… Y entonces encontré el disfraz…

ADOLFO: Dios, papá. ¿Vendiste los cuadros por mí?

ENRIQUE: Eso es lo de menos… Al día siguiente decidí hacerme Groucho.

ADOLFO: Entonces, ¿no te volviste loco? ¿Lo hiciste por mamá y por Miriam?

ENRIQUE: En cierta forma sí me volví loco… Un tipo tan serio como yo, que jamás ha hecho una locura y que decide ponerse un disfraz de Groucho… y actuar como él… Pero pensé que, mientras estuviesen pendientes de mí, y yo siempre pudiese sacarles una sonrisa, no se preocuparían por problemas más urgentes… Desde entonces, nadie en esta casa se ha preocupado de si nos iba a llegar el dinero o qué íbamos a comer… El "tema" era "papá se cree Groucho"… No había lugar para nada más…

ADOLFO: Groucho…

ENRIQUE: He intentado por todas las maneras hacerlas felices… y creo que –en cierta forma– lo he conseguido; pero no he dejado de pensar en ningún momento en cómo solucionar el tema económico…

Y entonces se me ocurrió… a pesar de lo poco que nos quedaba para pagar la casa, las cuentas no cuadraban… si seguíamos así nos íbamos a quedar sin nada… y pensé que quizás podría engañar al banco poniéndoles un caramelo envenenado: unas condiciones que ni ellos mismos se atreverían a poner, pero introduciendo una cláusula de que "en caso de enfermedad grave que le incapacite para trabajar, la hipoteca quedaría saldada…". Sabía que el banco no se atrevería a desahuciar a un loco, su mujer y su hija… y creo que lo habría conseguido de no aparecer tú… Pero llegaste tú y… yo apenas supe como reaccionar…

ADOLFO: Pues lo disimulaste muy bien…

ENRIQUE: Estoy cogiendo mucha práctica últimamente en esto de actuar…

ADOLFO: Pero, papá, esto no puede seguir así…

ENRIQUE: Soy consciente de que esto no podía seguir eternamente… tan sólo esperaba poder salvar la casa…

ADOLFO: ¡Y lo haremos! Entre todos lo conseguiremos. Esto no se ha acabado aquí… Buscaré un trabajo y…

ENRIQUE: Aquí no hay trabajo para nadie, Adolfo…

ADOLFO: Trabajaré en Madrid y os enviaré el dinero…

ENRIQUE: Tú sabes que la situación está igual en todas partes…

ADOLFO: Algo quedará de los ahorros, ¿no?

ENRIQUE: ¿Los ahorros? ¿Sabes cómo hemos estado comiendo últimamente? Con las propinas que me daba la gente por posar con ellos para las fotos… No se lo cuentes a tu madre. Afortunadamente no lo sabe. ¿Tú sabes lo humillante que es eso para Enrique Maris? Solo el hecho de llevar este disfraz lo hacía más llevadero…

ADOLFO: Hablaré con los amigos, con la familia, para que nos presten el dinero…

ENRIQUE: Si aquí estamos todos igual, Adolfo.

ADOLFO: Tiene que haber una solución. Hablaré con Mamá y con Miriam y algo se nos ocurrirá entre todos. Pero lo importante es que te olvides de ese ridículo disfraz. Ya no tienes que fingir, papá, ¿de acuerdo? Olvídate de Groucho. Eres Enrique Maris… Don Enrique Maris… y no quiero que pierdas la cabeza.

ENRIQUE: (*Cabizbajo.*) A lo mejor es preferible perder la cabeza que perder todo lo demás…

ADOLFO: No digas eso. (*Saliendo.*) Hablaré con mamá y Miri y encontraremos una solución…

(Enrique se queda abatido en el sofá)

(OSCURO LENTO)(MÚSICA: SMILE)

ACTO 6. CARNAVAL.

(Llaman a la puerta. LUZ MEDIA MUY LENTA. Acude ENRIQUE a abrir. Va vestido con una bata y el gesto sombrío. Es DOC MARTIN que, al verlo así vestido, tuerce el gesto).
LUZ GNRAL

DOCTOR: ¡Ah! Hola, Enrique…
ENRIQUE: Hola, Doc.

(Los dos hombres apenas se cruzan una palabra. Se saludan con un abrazo. El doctor le ofrece con esperanza una copa de "aguadefuego", pero Enrique la rechaza con un gesto.)

ENRIQUE: ¿Un café?
DOC: Sí, gracias.

(Enrique prepara el café y se lo sirve al Doctor. Ambos se lo toman en silencio mientras hablan con la mirada. Ninguno se atreve a pronunciar palabra. Después de unos incómodos segundos vuelve a sonar el timbre de la puerta.)

(Enrique vuelve a abrir. Es el Interventor.)

INTERV.: Buenas tardes, Don Enrique… Me alegra ver que se encuentra usted mejor… Usted debe ser el doctor… Creo que nos cruzamos anoche en la puerta… Ha hecho usted un gran trabajo, se lo agradezco…

DOC: (*Sottovoce.*) Sí, un trabajo "cojonudo"…

INTERV.: Créame que me alegra sobremanera el verle así… pensé que iba a poner al banco en una situación muy incómoda… No es nada agradable tener que desahuciar a un "enfermo mental" de su casa… no se imagina usted la mala publicidad que eso puede traer para una entidad como la nuestra…

(Enrique le mira indiferente mientras se toma el café. El Interventor "inspecciona" la casa sutilmente, como haciéndose una idea de cuánto puede ganar con ella.)

INTERV.: Pero, en fin, afortunadamente veo que no habrá que recurrir a esos extremos. Precisamente aquí le traía la orden de desahucio… ya sé que es un poco precipitado pero me imagino que no podrán ustedes afrontar los pagos inmediatos y al banco no le gusta estar perdiendo el tiempo…

DOC: Supongo que no será posible conseguir algún tipo de aplazamiento…

INTERV: (*Condescendiente.*) Nos ceñimos a los más estrictos plazos legales…

DOC: Ni a ningún tipo de piedad…

INTERV: No me tome por tonto, Doctor: no somos una ONG. Nos debemos a nuestros clientes…

DOC: Ya veo, ya…

INTERV: (*Marchándose.*) Y no se lo tome así, Don Enrique… son cosas que pasan… Estuvo a punto de haberle salido bien…

(*Volviéndose, divertido.*) Imagínese que titulares habría usted conseguido: "El Banco CHP Morgan echa a Groucho Marx de su casa"… no quiero ni imaginarme la que se hubiese montado… Ja, ja ja... *(Con una risa extraña. Se da cuenta de lo anormal de la situación y se recompone.)*

Claro que, ¿a costa de qué? ¿Merece la pena, a costa de su dignidad?… Afortunadamente, recuperó usted la cordura a tiempo…

(*Se acerca para darle unas palmaditas en la espalda, pero Enrique le frena con la mirada. Intenta despedirse del Doctor dándole la mano, pero este le ignora completamente…*)

Bueno, adiós. Un placer, Doctor. Ya nos veremos, don Enrique…

(*Justo cuando va a salir aparecen por la puerta ELISA y MIRIAM. Van perfectamente disfrazadas como LIZ TAYLOR y MARILYN MONROE respectivamente. El Interventor no puede creer lo que está pasando…*)

INTERV.: ¿Qué es esto? ¿Algún tipo de broma macabra?

DOC: A mí no me parece ninguna broma, caballero… y aquí estoy yo como médico para certificarlo.

INTERV.: (*Desconcertado.*) ¿Y creen que esta táctica les puede servir a ustedes de algo? Pregúntenle a su marido si cree que le ha servido a él de algo…

Es la peor idea que han podido tener: van a acabar ustedes en la calle y además vestidos con unos absurdos trajes… van a ser ustedes el hazmerreír del vecindario… ¡habrase visto!

DOC: Elisa, realmente estás estupenda. Siempre le dije a Enrique que tenías un aire a lo Liz Taylor…

INTERV.: ¡Y usted encima anímelas, doctor! ¡Flaco favor les está haciendo! ¿No ven que todo esto no tiene sentido? ¿Que el banco va a acabar echándoles de todas formas?

DOC: No se altere, caballero. A ver si voy a tener que recetarle unas pastillas…

INTERV.: (*Cada vez más alterado.*) ¿Han pensado en cómo reaccionará su hijo cuando les vea así? ¡Con el disgusto que se dio ayer con su padre!

(ELISA y MIRIAM se quedan paralizadas por un segundo, preocupadas. El INTERVENTOR ve que ha acertado con ese planteamiento e insiste.) Él, que estará intentando hacer todo lo que pueda por su familia… ¿Qué pensará cuando vea que su madre y su hermana se han vuelto también locas?

(La madre y la hermana intercambian miradas furtivas un tanto preocupadas.)

INTERV.: (*Visiblemente cabreado*) Díganle que espero verle mañana a primera hora en mi despacho… Sólo quiero hablar con él, que parece la única persona sensata de esta familia!

(Entonces aparece ADOLFO por la puerta de atrás. Va disfrazado de HARPO MARX, con su peluca y su gabardina características.)

DOC.: No creo que tenga que esperar a mañana, señor. Ahí le tiene para decirle todo lo que le tenga que decir…

INTERV.: *(Cabreadísimo.)* Pero, ¿qué cachondeo es éste? ¿En esta familia están todos locos?

(Se abalanza sobre Adolfo-Harpo.)

INTERV.: Yo que confiaba en usted, Adolfo, que creía que usted era el más sensato de la familia…

¿Qué se cree usted? ¿Que esta estratagema les va a funcionar? ¿Cree usted que no nos vamos a atrever a desalojarlos? ¿Que todos los medios van a acudir aquí para dar cuenta de su situación??? (*Sin demasiado convicción.*)

Usted no nos conoce… no nos conoce… Ya buscaremos una forma de resolverlo… una forma de manipularlo…

(Se enfrenta cara a cara con Adolfo.)

No se ría… ¡No se ría y míreme a los ojos! ¿No tiene usted que decirme nada?

(Adolfo le aguanta la mirada a escasos centímetros de la nariz durante unos interminables segundos y finalmente parece que va a decirle algo pero lo que hace es sacar la famosa bocina de Harpo y la hace sonar justo en la cara del Interventor.)

INTERV.: (*Se marcha colérico.*) ¡Maldita familia de locos! ¿Por qué siempre me tocan a mí éstos casos? ¡Hay que estar muy locos! ¡Maldita familia de locos!

(Cuando el interventor abandona la casa, el padre se levanta de su silla. Los tres se le quedan mirando con una ternura infinita. Los cuatro se funden en un intensísimo abrazo mientras Doc brinda a la salud de todos ellos.)

(OSCURO, MÚSICA: CHATTANOOGA Y TELÓN)

Groucho's *se estrenó el 11 de mayo de 2012 en el Teatro de Cabanillas del Campo con el siguiente reparto:*

Adolfo ……………… Carlos García Alcalde.

Elisa …………… Angélica Santos Lorente.

Miriam …………… Rakel Sánchez-Paganos.

Enrique ……………… Fernando Catalán.

Doc Martin ……. Luis Miguel García Sanz.

Interventor ……… Ángel Raúl Cristóbal Gil.

Músicos ……... Sergio Maseda y Yolanda Sevilla.

Técnico de luces ……………... Álvaro de Pedro.

Diseño cartel y programa … Tania Castellano.

Dirección ………… Juan Carlos Pérez-Arévalo

Juan Carlos Pérez-Arévalo *(Guadalajara, España, 1972) se licenció en Filología Inglesa por la Universidad de Alcalá de Henares (UAH), especializándose en Teatro. Ha estado ligado al mundo de la escena desde niño, pasando por numerosos grupos teatrales de Guadalajara y Madrid hasta centrarse en TresTristresTrigres Teatro como director y dramaturgo.*

Es autor de "De-Función", "Las Más-Caras", "Groucho's", "mentIRAS" y "El Farsante", entre otras; todas publicadas en Colección TTT; tradujo y adaptó "Interview" de Jean-Claude van Itallie para el Taller de Teatro de la UAH; llevó la sección de Cultura del periódico "La Quincena de Guadalajara"; se encargó –junto a Alberto López-Bravo- del programa "Ruidos y Zumbidos" en Radio Arrebato (1989-1998) y de la posterior versión blog de RuidosyZumbidos (www.ruidosyzumbidos.weebly.com), donde escribió más de 80 artículos entre 2017 y 2020.

Ha coordinado las dos antologías NPG'21 y NPG'22 (Nueva Poesía/Prosa de Guadalajara), editadas por Colección TTT y publicadas por la Diputación de Guadalajara, donde también participó como autor.

Sus últimos trabajos publicados son la novela "Ciudad Vertical (y otros relatos)" (Colección TTT, 2022) y el poemario "Pasajes" (Colección TTT_Poesía, 2024).

Otros títulos en la Colección TTT:

Groucho's
de Juan Carlos Pérez-Arévalo

Colección TTT_Teatro

De-Función
de Juan Carlos Pérez-Arévalo

Colección TTT_Teatro

Librería Cecile
de Susana Roa Gordo

Colección TTT_Novela

(La) Ciudad Vertical
de Juan Carlos Pérez-Arévalo

Colección TTT_Novela

Jardín Poético
de Ana García Lamparero

Colección TTT_Poesía

NPG'21: Nueva Poesía de Guadalajara
Coordinadores: Juan Carlos Pérez-Arévalo, Ana García Lamparero, Marcos Caballero y José M.ª Sanz Malo.
Colección TTT_Poesía

Groucho's (English Edition)
de Juan Carlos Pérez-Arévalo

Colección TTT_English

Las Más-Caras
de Juan Carlos Pérez-Arévalo

Colección TTT_Teatro

Mentiras / Los Arcipremios

de Juan Carlos Pérez-Arévalo

Colección TTT_Teatro

Jardín Poético iLustrado

de Ana García Lamparero y Javier Alguacil

Colección TTT_Poesía

NPG'22: Nueva Prosa de Guadalajara

VV.AA.

Colección TTT_Novela

Noche de Caza

de Jorge Trinchet

Colección TTT_Novela

© Juan Carlos Pérez-Arévalo 2023

trestristrestrigresteatro@gmail.com

Colección TTT_Teatro

Edición: JKPK